www.ingramcontent.com/pod-product-compliance
Lightning Source LLC
LaVergne TN
LVHW081814080526
838199LV00099B/5445
* 9 7 8 9 3 5 8 7 2 4 4 1 7 *

سوری رانگ نمبر

(انشائیہ)

مصنف:

عزیز ذوالفقار

© Taemeer Publications LLC

Sorry Wrong Number (Humorous Essay)
by: Aziz Zulfiqar
Edition: December '2023
Publisher :
Taemeer Publications LLC (Michigan, USA / Hyderabad, India)

ISBN 978-93-5872-441-7

مصنف یا ناشر کی پیشگی اجازت کے بغیر اس کتاب کا کوئی بھی حصہ کسی بھی شکل میں بشمول ویب سائٹ پر
اَپ لوڈنگ کے لیے استعمال نہ کیا جائے۔ نیز اس کتاب پر کسی بھی قسم کے تنازع کو نمٹانے کا اختیار
صرف حیدرآباد (تلنگانہ) کی عدلیہ کو ہو گا۔

©تعمیر پبلی کیشنز

کتاب : **سوری رانگ نمبر** (انشائیہ)

مصنف : **عزیز ذوالفقار**

پروف ریڈنگ / تدوین : **اعجاز عبید**

صنف : انشائیہ

ناشر : تعمیر پبلی کیشنز (حیدرآباد، انڈیا)

سالِ اشاعت : ۲۰۲۳ء

صفحات : ۲۰

سرورق ڈیزائن : تعمیر ویب ڈیزائن

کیوں زحمت دی؟

میں یہ سُن کر سکتے میں آ گیا۔ اب میں اُسے کیسے سمجھاتا کہ اُس نیک سیرت عورت نے تو مجھ پر احسان کر کے میری مشکل آسان کی تھی اور بجائے اُس کا شکریہ ادا کرنے کے ہماری بیگم نے اُسے بھی ضرور کچھ نہ کچھ کہہ ڈالا ہو گا۔ آخر ہم نے گھر جا کر بڑی مشکل کے بعد بیگم کو اصل صورتِ حال سے آگاہ کر کے اُس کی غلط فہمی دور کی۔

ایک روز ہمارے ایک دوست کی دکان میں آگ لگ گئی۔ فوراً فائر بریگیڈ کو فون کیا اور آگ بجھانے کی درخواست کی۔ جواب ملا۔ اگر ناراض نہ ہوں تو دوبارہ فون کریں کیونکہ یہ پٹرول پمپ ہے، یہاں آگ بجھانے کا نہیں آگ لگانے کا بندوبست ہے۔

کئی دفعہ ایسا بھی ہوتا ہے کہ کوئی نمبر ملانے کے لئے فون اُٹھایا اور پہلا نمبر گھُمایا تو فون پر لوگوں کی گفتگو سُنائی دینے لگی۔ پھر کوشش بسیار کے باوجود اس گفتگو سے چھٹکارا نہ حاصل کیا جا سکا۔ بعض اوقات تو کئی کئی روز تک یہ تماشا چلتا رہتا ہے اور مختلف قسم کی باتیں فون پر سُنائی دیتی رہتی ہیں۔ ہم آپ کو اُن باتوں کے چند نہایت دلچسپ نمونے سنا سکتے ہیں لیکن سنائیں گے نہیں کیونکہ یہ باتیں راز کی ہیں۔ کوئی بیوی اپنے خاوند کو کھری کھری سُنا رہی ہے، کوئی بولنے والی کسی بولنے والے سے راز و نیاز اور کہیں دور ملنے کے وعدوں پر دل پرچا رہی ہے، کوئی آڑھتی کسی دوسرے آڑھتی کو بلیک کے نرخ بتا رہا ہے اور یہ سب لوگ محکمہ فون کے اعتماد پر راز کی باتیں کرتے ہیں مگر جانتے نہیں کہ اُن کے فون کی تاروں کے کہیں پیچے لڑ گئے ہیں اور اُن کی راز کی باتیں سارا زمانہ سُن رہا ہے۔

اس کا سب سے افسوسناک اور تکلیف دہ پہلو یہ ہے کہ چند لوگوں کو مغلظ اور گندی گالیاں سنا کر ایک خاص قسم کی فرحت محسوس ہوتی ہے۔ اور وہ فون پر بڑی فراخدلی سے فحش اور لچر گفتگو ایسی عورتوں سے کرتے ہیں جنہیں وہ جانتے تک نہیں۔ ایسے بے حیا اور

بدکردار لوگوں کو محکمہ فون کے انجینئر بھی نہیں ڈھونڈ سکتے۔

اس معاملے میں صنفِ نازک بھی کسی سے پیچھے نہیں، بعض آزاد خیال اور شریر لڑکیاں دن کے وقت مختلف لوگوں کو فون کر کے پریشان کرتی رہتی ہیں۔ لڑکیاں اپنی مرضی کے بھولے بھالے شکار کو ڈھونڈ کر اُن پر دلچسپ فقرے چست کرتی ہیں۔ پھر بڑے رومانٹک لہجے میں جھوٹی محبت کا دم بھرتی ہیں اور شرفاء سے دل لگی کر کے یا پھر اُن کا مذاق اُڑا کر روحانی تسکین حاصل کرتی ہیں۔ اگر بھولے پنچھی کی بجائے کوئی منجھا ہوا شکاری مل جائے تو پھر یہ سلسلہ کئی روز تک چلتا ہے اور بعض اوقات دل لگی کی حدود سے نکل کر سنجیدگی کی صورت اختیار کر لیتا ہے جس کے نتائج اکثر عبرتناک ہوتے ہیں۔

ایسی بیٹیوں کے باپ ہمیشہ محکمہء فون کو کوستے رہتے ہیں کہ بل اتنا ہوشربا بھیج دیا ایسے مظلوم باپوں کو معلوم نہیں ہوتا کہ یہ بل اُس وقت اُن کے گھر میں بنتے ہیں جب وہ دفتر جا چکے ہوتے ہیں۔ خرافات اکثر اُن فونز پر چلتی ہے جن کے بل سرکارِ پاکستان ادا کرتی ہے۔

ہمارے ایک دوست اقبال صاحب بی-اے فائنل کی تیاریاں بڑے زور و شور سے کر رہے تھے، وہ اپنی کوٹھی واقع لارنس روڈ لاہور کے لان میں بیٹھ کر ہر روز صبح سے شام تک پڑھائی میں منہمک رہتے۔ ایک دن وہ حسبِ معمول پڑھائی میں محو تھے کہ فون کی گھنٹی بجی۔ ملازم اُس وقت موجود نہ تھا لہٰذا اقبال کو خود ہی ریسور اُٹھانا پڑا، فون اُٹھا کے کہا ---ہیلو--- دوسری جانب سے بڑی ہی سُریلی آواز میں کوئی لڑکی بولی--- مس شہناز کو بلا دیجئے۔

سوری رانگ نمبر کہہ کر فون بند کر دیا---

تھوڑی دیر بعد پھر گھنٹی بجنے لگی۔ فون اُٹھایا تو وہی محترمہ بولیں-- آپ کہاں سے

بول رہے ہیں؟
جہنم سے۔۔۔۔۔ اقبال نے اُس کی آواز پہچانتے ہوئے جھنجھلا کر جواب دیا۔
وہاں کیسے پہنچ گئے۔۔۔۔۔ نسوانی آواز نے پوچھا۔
فرمایئے بندہ کیا خدمت کر سکتا ہے؟
آپ کا نمبر کیا ہے؟
میں کوئی بس یا ٹرک نہیں جس کا کوئی نمبر ہو۔۔۔۔۔
آپ بڑے بدتمیز ہیں۔۔۔۔۔
اوہو۔۔۔۔۔ تو آپ میرے نام سے بھی واقف ہیں۔۔۔۔۔
اب میں سمجھ گئی کہ آپ جہنم کیوں گئے تھے؟
جی ہاں صحیح سمجھا ہے آپ نے۔۔۔ اب اجازت دیں شکریہ۔۔۔ اور فون بند کر دیا۔
اگلے روز تین بجے پھر فون کی گھنٹی بجی، اقبال نے فون اُٹھایا تو وہی نسوانی آواز سنائی دی (مسکراہٹ کے لہجے میں) آداب عرض۔۔۔۔۔۔ کہا۔
سوری رانگ نمبر۔۔۔۔۔۔۔۔
ٹھہریئے سوری رانگ نمبر، فون بند نہ کریں۔۔۔۔۔
فرمایئے۔۔۔۔۔۔۔
اگر بارِ خاطر نہ گزرے تو ایک سوال پوچھوں۔۔۔۔۔
پوچھیئے۔۔۔۔۔۔۔
جہنم میں کب تک ٹھہرنے کے ارادے ہیں؟
جب تک کوئی پیاری سی حور الاٹ نہیں ہو جاتی۔۔۔۔۔
حور کب الاٹ ہو گی؟؟؟؟؟؟؟

سروے تو ہو چکا ہے اُمید ہے کام جلد ہی بن جائے گا۔

آپ تو بڑے رنگین مزاج ہیں۔۔۔۔۔

یہ سب حضور کی سحر کاریوں کا اثر ہے۔۔ بہت بہت شکریہ اب اجازت دیں۔

آدھا گھنٹے کے بعد پھر اُسی نازنین کا فون آیا۔۔ کہنے لگی۔۔۔۔ دوبارہ تکلیف دینے کی معافی چاہتی ہوں۔

قہر درویش بر جانِ درویش۔۔۔۔۔۔۔ فرمائیں۔؟

بی-اے کے بعد کیا ارادے ہیں۔؟

کوئلوں کی دلالی کا پروگرام بنا رہا ہوں۔

جہنم میں رہ کر آپ کو اس کا خاصہ تجربہ ہو چکا ہو گا۔

جی ہاں اسی لئے تو یہ فیصلہ کیا ہے۔

اگر آپ کسی سنیما کے باہر ٹکٹیں بلیک کریں تو زیادہ فائدہ ہو سکتا ہے۔

آپ کی تجویز تو خوب ہے۔۔۔ لیکن مجبوری یہ ہے کہ پولیس والا واقف نہیں، اور پھر باکسنگ کے فن سے بھی ناآشنا ہوں۔

تو پھر انارکلی میں دانتوں کا منجن یا مولی نمک فروخت کریں۔ نفع بخش رہے گا۔

دیکھیئے محترمہ۔۔۔۔۔ میری سمجھ نہیں آتی کہ آپ میرے معاملے میں ٹانگ کیوں اڑا رہی ہیں۔

میں حیران ہوں آپ میری تجاویز کو ٹانگ اڑانا کیوں خیال کرتے ہیں۔

باز آئے ایسی محبت سے اُٹھالو پاندان اپنا۔۔۔۔۔۔۔

تو ہماری بلا سے۔۔۔۔۔۔ آپ جہنم میں ہی سڑتے رہیں۔

بہت بہتر۔۔۔۔۔۔۔

اور ہاں آئندہ بھی اس ناچیز کو در گزر ہی فرمایا جائے۔۔۔۔۔۔ اور فون بند ہوا۔

تیسرے روز میرا دوست اُس شریر لڑکی کے فون آنے کی وجہ سے سخت عاجز آچکا تھا اور سوچنے لگا کہ آئندہ کیسا طرزِ عمل اختیار کیا جائے کہ فون کی گھنٹی بجنے لگی وہ سخت غصّے کے عالم میں گیا اور فون اُٹھا کر کہنے لگا۔۔۔۔۔۔۔۔۔

تمہیں شرم آنی چاہیئے۔۔۔ میں یہ بے ہودگی برداشت نہیں کر سکتا۔

دوسری طرف سے بے حد کھردری مردانہ آواز سُن کر وہ بدحواس ہو گیا، وہ صاحب اُس کے والد کے دوست تھے اور اُنہی سے بات کرنا چاہتے تھے۔ میرے دوست نے گھبراہٹ اور پریشانی کے عالم میں سوری رانگ نمبر کہا اور ریسیور رکھ دیا۔

گھنٹی دوبارہ ہوئی تو اُس کو اپنی حماقت کا خیال آیا۔ ملازم کو فون سُننے کا کہہ کر خود لان میں چلا گیا۔ اُس کے بعد اُس لڑکی کا فون بھی کبھی نہیں آیا۔

ایک صاحب کے گھر فون آیا اور ایک غیر مانوس آواز سُنائی دی۔ دیکھیئے صاحب میں قاضی فخر اسلام بول رہا ہوں، کل بعد دوپہر آپ کی بیگم صاحبہ خود کار چلا رہی تھیں۔ وہ سمن آباد مین روڈ پر جاتے ہوئے کار کا کنٹرول نہ سنبھال سکیں اور میری گاڑی جو وہاں ایک جانب کھڑی تھی اُس سے آٹکرائیں۔ اس سے میری گاڑی کی بیک سائیڈ بری طرح پچک گئی، دونوں بتیاں اور پچھلا شیشہ بھی ٹوٹ گیا اور بمپر کو بھی شدید نقصان پہنچا۔

آپ کیسے یقین سے کہہ سکتے ہیں کہ وہ میری ہی بیگم تھیں۔؟

آپ کا فون نمبر اُنہوں نے ہی دیا تھا اور اُنہوں نے اپنی غلطی تسلیم بھی کر لی تھی۔۔

اُس بیگم کے خاوند نے حیران ہو کر پوچھا۔۔۔۔۔۔۔ کیا میری بیگم نے اپنی غلطی تسلیم کر لی ہے؟؟؟؟؟؟؟

جی ہاں۔۔۔۔۔۔۔۔۔

بیگم کے خاوند بولے۔۔۔۔۔۔۔۔۔۔۔ سوری رانگ نمبر۔۔۔۔اور فون بند ہو گیا۔

ایک سِکھ فون آپریٹر ڈیوٹی پر تھا کہ فون کی گھنٹی بجی۔ سِکھ نے فون اُٹھایا اور ہیلو کہا۔ دوسری طرف سے آواز آئی۔۔۔۔ کرنل جان سپیکنگ دس سائیڈ۔ ہو اِز سپیکنگ دیٹ سائیڈ۔

یہ انگریزی سُن کر سِکھ گھبرا گیا اور سوچنے لگا کہ اب انگریزی میں ہی نام بتانا پڑے گا۔

چنانچہ وہ بولا۔۔۔۔ تھوزینڈ اسنگھ شار پر دس سائیڈ۔۔۔

سکھ کا نام ہزارہ سنگھ تیکھا تھا۔۔۔۔۔۔۔۔

ایک صاحب نے رات کے وقت کسی عزیز کو فون کیا۔۔

اُدھر سے آواز آئی۔۔۔۔۔۔۔۔۔۔ ہیلو۔۔۔۔۔۔۔۔

کون صاحب ہیں؟؟؟؟

ہیلو۔۔۔۔۔۔۔۔۔۔

بھائی کون بول رہے ہیں؟؟؟؟؟؟؟؟؟

آواز نہیں آرہی ذرا اونچا بولیں۔۔۔

کیا شمسی صاحب موجود ہیں؟؟؟؟؟

اجی حضرت۔۔۔۔۔ ذرا اونچا بولیں۔۔۔۔۔

(اور بلند آواز سے) کہا گیا۔۔۔ شمسی صاحب سے بات کرائیں۔۔۔۔

بڑی دھیمی آواز سُنائی دے رہی ہے۔۔۔ کیا آپ اونچا نہیں بول سکتے؟؟؟؟؟

(پھر چیختے ہوئے) میاں میں اس سے اونچا بول سکتا تو فون استعمال کیوں کرتا۔۔۔

جن لوگوں کے دفتر یا گھر میں بد قسمتی سے فون لگا ہوا ہے اُنہیں اِن جادو بھرے الفاظ سے روزانہ کئی مرتبہ واسطہ پڑتا ہے۔ بعض حرماں نصیب تو سارا دن سوری رانگ نمبر کی گردان ہی کرتے رہتے ہیں۔ محکمہ ٹیلیفون بھی اُن پر خاص طور پر مہربان ہوتا ہے۔ایک دو مرتبہ تو معمولی بات ہے، صحیح نمبر ملانے کے لئے کئی دفعہ ڈائل کرنا پڑتا ہے۔ لیکن جب مہینے کے بعد فون کا بل آتا ہے تو تمام رانگ نمبروں کا جرمانہ بھی اس بل میں شامل ہوتا ہے۔ یہ اُن مغلظ گالیوں کے علاوہ ہوتا ہے جو شرفاء کو تنگ کرنے کے عوض پڑتی ہیں۔ ٹیلیفون گونا گو دلچسپیوں کا حامل ہے۔ مثلاً فون کی گھنٹی بجی۔ ریسیور اُٹھایا تو آواز آئی-- آپ 2222 سے بول رہے ہیں!؟

سوری رانگ نمبر۔۔۔

ایک صاحبہ کا فون آیا۔ پوچھنے لگیں! آپ 4310 سے بول رہے ہیں؟

نہیں محترمہ! یہ 4311 ہے۔

پھر ذرا تکلیف کریں۔۔۔۔ اپنے پڑوسیوں میں سے کسی کو بلا دیں۔

ایک روز ڈاکٹر کو فون کیا اور پوچھا ڈاکٹر صاحب ہیں؟ جواب ملا۔۔۔ معاف کرنا ہم سبزی منڈی سے بول رہے ہیں، پھر سوری رانگ نمبر کہہ کر جان چھڑائی۔

آپ اپنے بچے کے اسکول فون کرتے ہیں مگر نمبر شفاخانہ حیوانات سے جا ملتا

ہے۔ سول لائن میں ایک عزیز سے بات کرنا چاہی تو بارہا پولیس لائن ہی ملتی رہی۔ ایک دن اپنی بیگم کو اُس کی خالہ کی وفات کی اطلاع دینے کے لئے گھر فون کیا تو ایک اجنبی نسوانی آواز سُنائی دی۔ ہم نے اپنی بیگم کے متعلق استفسار کیا تو جواب میں سوری رانگ نمبر سنائی دیا اور فون بند ہو گیا۔

دوبارہ کوشش کی تو وہی محترمہ بولیں ۔۔۔۔اس دفعہ اُن کی آواز میں خاصی خفگی تھی پھر سوری رانگ نمبر کہتے ہوئے غصے سے فون کا ریسیور پٹخ دیا۔ تیسری مرتبہ جو ڈائل کیا تو کافی دیر کے بعد وہی تلخ آواز میرے کانوں میں گونجی۔ میں نے معذرت کرنا چاہی تو اُن معزز خاتون نے بے نقط سُنانی شروع کر دیں۔۔۔۔۔

تمہارے گھر میں ماں بہن نہیں ہے ؟ کمینے ذلیل وغیرہ۔۔۔۔میں نے انتہائی صبر کے ساتھ تمام خرافات سُنیں۔ پھر جب اُس نے سانس لینے کے لئے گفتگو ایک لمحے کے لئے بند کی میں نے نہایت انکساری سے عرض کیا۔۔

اے محترم خاتون! میں ایک عزت دار آدمی ہوں، اپنی بیگم کو اُس کی اکلوتی خالہ کے انتقال پُر ملال کی خبر سُنانا تھی مگر محکمہ ٹیلیفون کی ستم ظریفی کی بدولت آپ سے گالیاں بھی کھائیں، بے عزت بھی ہوا، مگر اپنی بیگم کو یہ منحوس خبر نہ سُنا سکا۔ آپ بے شک اور گالیاں دے لیں لیکن خدا کے لئے ذرا میری بیوی کو فلاں نمبر پر فون کر کے یہ اطلاع دے دیں۔ میں آپ کا بے حد احسان مند ہوں گا۔ یہ سُن کر وہ محترمہ پسیج گئیں اور پھر معذرت کرتے ہوئے میری بیگم کو مطلع کرنے کی حامی بھر لی۔

تھوڑی دیر بعد میرے فون کی گھنٹی بجی تو ہماری بیگم انتہائی غصیلی آواز میں بولیں میں پوچھتی ہوں وہ گشتی کون تھی جس کے ذریعے اب پیام بازی ہو رہی ہے ؟

میری خالہ فوت ہو گئی تھی مگر تمہاری زبان تو سلامت تھی۔۔اُس اپنی کچھ لگتی کو

سوری رانگ نمبر۔۔۔۔۔۔۔۔۔۔۔۔اور سلسلہ منقطع ہو گیا۔

گوجرنوالہ کے ایک معروف صنعت کار کو اُس کے بھائی کا فون کراچی سے آیا۔اتفاق سے اُس روز یکم اپریل تھی۔کارخانہ دار کو پہلے بھی کئی رانگ نمبر مل چکے تھے اور اب وہ بے حد محتاط ہو گیا تھا۔اس دفعہ آپریٹر نے کہا کراچی سے فون ہے بات کریں۔تو وہ سمجھ گئے یہ کوئی نیا چکر ہے اور اپریل فول بنایا جا رہا ہے۔اُن کے بھائی بے چارے کو اس کا علم بھی نہ تھا۔چنانچہ بات اس طرح ہوئی۔۔۔۔۔

مجید صاحب ہیں؟؟؟؟؟؟

جی وہ باہر گئے ہیں۔۔۔۔۔

سعید صاحب سے بات کرائیں۔۔۔۔

وہ بھی نہیں ہیں۔۔۔۔

منیجر محمد رفیع سے ملا دیں۔۔۔۔

وہ آج بیمار ہیں فیکٹری نہیں آئے۔۔۔

اچھا اکاونٹنٹ کو بُلا دیں۔۔۔۔

وہ بھی چھٹی پر ہیں۔۔۔۔

آپ کون صاحب ہیں؟؟؟؟؟؟؟؟

میں تو گاہک ہوں۔۔۔

کیا دفتر میں کوئی صاحب ہیں؟؟؟؟؟؟

جی نہیں۔۔۔۔۔دفتر میں تو تالا لگا ہے۔۔۔

پھر آپ کو کیسے پتہ لگا کہ اکاونٹنٹ بیمار اور منیجر چھُٹی پر ہے؟؟؟؟؟؟

چوکیدار نے بتایا تھا۔۔۔۔

اچھا چوکیدار کو بلا دیں۔۔۔۔۔

وہ کھانا لینے چلا گیا ہے۔۔۔۔۔

بھئی میں کراچی سے حمید بول رہا ہوں۔۔۔۔۔

وہ تو ٹھیک ہے مگر میں کیا کر سکتا ہوں۔۔۔۔۔

کیا بکواس ہے۔۔۔۔۔

بکواس آپ کرتے ہیں۔۔۔۔۔۔ اور ریسیور رکھ دیا۔

مجید صاحب بڑے خوش تھے کہ وہ اپریل فول نہیں بنے۔۔۔۔۔

ایک بزرگ ناشتہ کرنے لگے تو فون کی گھنٹی بج اُٹھی۔۔۔ اُنہوں نے اپنی بیٹی سے کہا۔۔ نازلی بیٹا ذرا دیکھنا کس کا فون ہے۔ نازلی چلی گئی۔ بوڑھے میاں جب ناشتے سے فارغ ہوئے تو بیٹی ابھی فون پر مصروفِ گفتگو تھی۔ کوئی آدھ گھنٹہ بعد نازلی فون سُن کر واپس آئی تو باپ نے پوچھا۔۔۔۔ بیٹا کس کا فون تھا۔؟؟؟؟؟

نازلی نے جواب دیا۔۔۔۔ ڈیڈی رانگ نمبر تھا۔۔۔۔۔

میں ایک دفعہ اپنے ایک دوست کے گھر بیٹھا تھا کہ فون کی گھنٹی بجنے لگی۔۔ آس پاس اہلِ خانہ میں سے کوئی موجود نہ تھا۔ میں نے ریسیور اُٹھایا۔ دوسری طرف سے آواز آئی۔۔ ہیلو چودھری امتیاز صاحب ہیں۔؟

سوری رانگ نمبر اور سلسلہ ختم ہو گیا۔

ہمارے ایک رشتہ دار جب فون کرتے ہیں تو چند مخصوص رٹے ہوئے فقرے ضرور ادا کرتے ہیں۔۔۔۔۔ مثلاً۔۔۔۔۔ السّلام و علیکُم

کون صاحب ہیں۔۔۔۔؟

جی میں عزیز ذوالفقار بول رہا ہوں۔۔۔۔۔

کیا حال ہے برخوردار۔۔۔۔

اللہ کا شکر ہے۔۔۔۔۔

طبیعت ٹھیک ہے۔۔۔۔۔

آپ کی دعا ہے۔۔۔۔۔

مزاج کیسے ہیں ؟؟؟؟؟

اچھے ہیں۔۔۔۔۔

بھائی صاحب یعنی میرے والد صاحب کا کیا حال ہے ؟؟؟؟؟

خدا کے فضل سے بخیریت ہیں۔۔۔۔

بہن کیسی ہیں ؟؟؟؟؟؟

وہ بھی راضی ہیں۔۔۔۔۔۔

اور کیا حال ہے ؟؟؟؟؟؟؟

جناب پہلے سے بہت افاقہ ہے۔۔۔

کیوں کیا ہوا تھا؟؟؟؟؟؟؟

کچھ نہیں ہوا تھا۔۔۔۔۔

دوسرے اہلِ خانہ کیسے ہیں ؟؟؟؟؟؟

آپ کی درازی عمر کے لئے دعا گو ہیں۔۔۔

کاروبار کیسا چل رہا ہے ؟؟؟؟؟؟

رب العزت کی مہربانی ہے۔۔۔۔۔

اور سناؤ کیسی گزر رہی ہے۔۔۔

بہت بہتر گزر رہی ہے۔۔۔

ہمارے لائق کوئی خدمت !!!!!!!

بس آپ کی شفقت درکار ہے۔۔۔۔۔

میں نے سوچا کئی روز سے خیریت معلوم نہیں کی فون پر ہی پتہ کرلوں۔۔۔۔۔

آپ کی عنایت ہے۔۔۔۔۔۔۔

بھائی ہمیں تو خیال ہوتا ہی ہے۔۔۔۔اور سب خیریت ہے ؟؟؟؟؟؟

پروردگار کا فضل ہے۔۔۔

اچھا پھر خدا حافظ۔۔

خدا حافظ۔۔۔۔

دیکھئیے کیسے کیسے مہرباں ہیں ہمارے۔۔۔۔۔۔۔۔۔۔۔

میرے ایک عزیز دوست کو فون آیا جب اُٹھایا تو آواز آئی۔۔۔۔ذرا حاجی صاحب کو بلا دیں۔۔۔۔

کون صاحب ہیں ؟؟؟؟

میں امجد بول رہا ہوں۔۔۔

اچھا ہولڈ کریں۔۔۔ کہہ کر اپنے والد کو بلا لائے۔۔اُنہوں نے ریسیور اُٹھا کر کہا۔۔

سُناؤ برخوردار مزاج کیسے ہیں ؟؟؟؟؟؟

اللہ کا کرم ہے جناب۔۔۔۔

کب آئے لاہور سے ؟؟؟؟؟؟

کل شام کو ہی آ گیا تھا۔۔۔۔۔

تمام اہلِ خانہ تو اچھے ہیں ؟؟؟؟؟؟

جی سب راضی ہیں۔۔۔۔۔

آج کیسے یاد کیا؟؟؟؟؟؟؟؟

حاجی صاحب آپ نے وعدہ فرمایا تھا کہ جمعرات کو شنیل اور جارجٹ بھجوا دیں گے، مگر ابھی تک کچھ بھی نہیں پہنچا۔۔۔

کیا بات کرتے ہو میاں؟؟؟؟ کیسی شنیل اور کونسی جارجٹ؟؟؟؟؟؟

آپ اتنی جلدی بھول گئے ابھی تو ایک ہفتہ نہیں ہوا۔ میں کل رقم ایڈوانس دے گیا تھا۔ آپ نے وعدہ فرمایا تھا جمعرات کو مال بھجوا دیں گے۔۔۔

ارے بھائی ہوش کرو۔۔۔۔۔ میرا شنیل سے کیا واسطہ؟؟؟؟؟؟

کیا آپ حاجی محمد شفیع نہیں ہیں؟؟؟؟؟؟؟

نہیں تو۔۔۔۔۔ میں حاجی محمد اسماعیل بول رہا ہوں۔۔۔

سوری رانگ نمبر۔۔۔۔۔

میر صاحب اور شیخ صاحب دونوں بڑے زندہ دل، خوش مزاج اور بے تکلف دوست ہیں۔ دونوں سخت سردی کے دنوں میں کمبل وغیرہ اوڑھے کمرے میں حقّہ پی رہے تھے کہ فون کی گھنٹی بجی۔۔ میر صاحب نے فون اُٹھایا تو ایک لڑکا فحش گالیاں بکنے لگا میر صاحب کو شرارت سوجھی اور کہنے لگے۔۔۔ اچھا آپ کو شیخ سے ملنا ہے وہ میرے پاس ہی بیٹھے ہیں۔۔۔ ۔۔اور اُنھوں نے ریسیور شیخ صاحب کو دے کر کہا لیجئے بات کریں۔۔

اور جب شیخ صاحب حقّہ منہ سے نکال کر ریسیور کان سے لگایا اور بڑے شفقت آمیز لہجے میں کہا ہیلو۔۔۔۔۔ دوسری طرف سے گالیوں کی بوچھاڑ ہونے لگی۔ شیخ صاحب سخت بوکھلا گئے اور پھر اُسی زبان میں جواب دینے لگے۔ اسی دوران غصّے کی حالت میں شیخ صاحب کا ایک پاؤں حقّے کو جالگا حقّہ گرا اور چِلم ٹوٹ گئی شیخ صاحب خود بھی گالیاں دیتے

ہوئے اپنا توازن کھو بیٹھے اور کرسی سمیت زمین پر آرہے۔ میر صاحب کا مارے ہنسی کے برا حال تھا، اب شیخ صاحب فون کرنے والے کے ساتھ ساتھ میر صاحب کو بھی صلواتیں سُنا رہے تھے۔ شیخ صاحب کو گرنے سے گھٹنے پر شدید چوٹ آئی کہ وہ اگلے دس روز تک چارپائی سے اُٹھ نہ سکے۔

اپنے ایک کرم فرما تو۔۔ سوری رانگ نمبر۔۔۔ کے شیدائی ہیں۔ وہ ہر وقت ان طلسمی الفاظ کی رٹ لگاتے رہتے ہیں۔ بازار یا گلی سے گزرتے ہوئے اُنہیں اگر کہیں ٹھوکر لگ جائے تو بے ساختہ اُن کے منہ سے سوری رانگ نمبر نکل جاتا ہے۔ کئی مرتبہ راہ چلتے ہوئے بد حواسی میں کسی دوست کے خیال سے اجنبی سے ہمکلام ہو جاتے ہیں اور پھر سوری رانگ نمبر کہہ کر آگے چل دیتے ہیں۔

وہ دفتر میں اپنی سیکریٹری کو لیٹر لکھواتے ہوئے اگر کوئی غلط لفظ لکھا دیں تو سوری رانگ نمبر کہہ کر فوراً کٹوا دیتے ہیں۔ اِنہی خوبیوں کی بدولت وہ دوستوں اور دفتر کے عملہ میں سوری رانگ نمبر کے نام سے مشہور ہیں۔

سوری رانگ نمبر کا اُن کی زندگی سے بہت گہرا تعلق ہے بلکہ یہ پیارے اور دل آویز الفاظ اُن کے لئے خوش قسمتی کی علامت ہیں۔ اُن کی حسین اور وفادار بیوی قابلِ رشک گھریلو زندگی بھی سوری رانگ نمبر کی مرہونِ منت ہے۔

***

دلچسپ و قابلِ مطالعہ انشائیوں کا ایک انتخاب

تبسم اک چٹکی بھر

مرتبہ : ادارہ شگوفہ

بین الاقوامی ایڈیشن منظر عام پر آچکا ہے

دلچسپ و قابلِ مطالعہ انشائیوں کا ایک اور انتخاب

کچھ کھٹے کچھ میٹھے انشائیے

مرتبہ : ادارہ شگوفہ

بین الاقوامی ایڈیشن منظر عام پر آچکا ہے